MÄNNERWIRTSCHAFT

express

FELIX SCHÄFERHOFF

MÄNNERWIRTSCHAFT express

SCHNELLE REZEPTE FÜR HUNGRIGE KERLE

Hölker Verlag

INHALT

Die Rezepte sind, wenn nicht anders angegeben, für 2 Portionen berechnet.

VORWORT

Willkommen zu **Männerwirtschaft Express** - deinem ultimativen Begleiter für schnelle, einfache und dennoch köstliche Rezepte. In einer hektischen Welt, in der Zeit oft das knappste Gut ist, braucht es smarte Lösungen, um den Alltag zu meistern. Genau hier setzt dieses Kochbuch an: Es zeigt dir, wie du ohne großen Aufwand und mit wenigen Zutaten großartige Gerichte zaubern kannst, die in maximal 25 Minuten auf dem Tisch stehen.

Ich bin Felix Schäferhoff, dein Autor und Begleiter auf dieser kulinarischen Reise. Als leidenschaftlicher Hobbykoch und Genießer habe ich es mir zur Aufgabe gemacht, leckere und unkomplizierte Rezepte zu entwickeln, die jedem schmecken und gleichzeitig im Handumdrehen zubereitet sind. Ob du nun ein Anfänger in der Küche bist oder nach neuen Inspirationen suchst - in diesem Buch findest du eine Vielzahl von Gerichten, die einfach zuzubereiten sind und dennoch beeindrucken.

Ich wünsche dir viel Spaß und Erfolg beim Kochen. Lass uns gemeinsam zeigen, dass schnelle Küche richtig lecker sein kann!

Guten Appetit!
Felix

EINLEITUNG

WAS ERWARTET DICH IN DIESEM BUCH?

Mein Fokus liegt in diesem Buch auf Einfachheit und Schnelligkeit, ohne dabei den Geschmack zu vernachlässigen. Jedes Kapitel ist darauf ausgelegt, dir in unterschiedlichen Alltagssituationen die passenden Rezepte zu bieten:

Quick Start
Starte kraftvoll in den Tag mit Rezepten wie Smoothie, Armer Ritter und Strammer Max. Diese Frühstücksideen sind nicht nur schnell umzusetzen, sondern geben dir auch die Energie, die du für den Tag brauchst.

Work & Travel
Für den kleinen Hunger zwischendurch oder als Lunch im Büro – Rezepte wie Couscous-Salat im Glas, Pizzaschnecken oder Sommerrollen mit Gemüse sind die perfekten Begleiter. Sie lassen sich gut vorbereiten, sättigen und bringen Abwechslung in den (Büro-)Alltag.

Energy Booster
Für alle, die auf ihre Ernährung achten und sich fit halten wollen, bieten Gerichte wie die Hüttenkäse-Bowl, Omelett mit Avocado und Proteinshakes die nötige Power und alles, was dein Körper für ein kraftvolles Work-out braucht.

Time to Relax
Nach einem anstrengenden Tag kannst du dich z. B. mit einem perfekten Steak, Curry-Nudeln oder Brokkoli-Carbonara belohnen und den wohlverdienten Feierabend einläuten, ohne dafür stundenlang in der Küche zu stehen.

Less is More
Wenn der Magen knurrt und der Kühlschrank fast leer ist, helfen dir kreative und schnelle Rezepte wie Dreierlei Pesto, Sesamlachs oder Käsespätzle aus der Patsche. Zudem sorgen diese Gerichte dafür, dass Lebensmittelreste aufgebraucht werden und nicht im Müll landen.

Speed Dating
Manchmal muss es einfach etwas Besonderes sein – für diese Momente findest du hier verführerische Rezepte für dein nächstes Rendezvous. Mit dem Menü aus Möhrensüppchen, Minutensteak mit Kartoffelkruste und einer schnellen Mousse au Chocolat kann eigentlich nichts mehr schiefgehen.

GRUNDREGELN IN DER HEIMISCHEN KÜCHE

Um das Beste aus deinen schnellen Rezepten herauszuholen, gibt es ein paar grundlegende Regeln, die du beachten solltest:

Organisation ist alles
Ein gut strukturierter Arbeitsplatz und vorbereitete Zutaten erleichtern dir das Kochen erheblich. Stelle sicher, dass du alle Zutaten und Utensilien bereitliegen hast, bevor du anfängst.

Frische Zutaten
Achte darauf, immer frische und qualitativ hochwertige Zutaten zu verwenden. Das macht einen großen Unterschied im Geschmack und in der Nährstoffqualität deiner Gerichte. Dafür lohnt es sich, auch einmal auf den Wochenmarkt zu gehen oder einen Fach- oder Feinkostladen zu besuchen.

Weniger ist mehr
Oftmals sind es die einfachen Gerichte mit wenigen, aber guten Zutaten, die am besten schmecken. Konzentriere dich auf die Qualität der Zutaten, nicht auf die Menge. Vor allem bei Fleisch ist die Qualität der entscheidende Faktor.

Probieren geht über Studieren
Scheue dich nicht davor, Neues auszuprobieren und Rezepte nach deinem Geschmack anzupassen. Kochen sollte Spaß machen und kreativ sein.

GRUNDVORRÄTE, DIE IN KEINER MÄNNERKÜCHE FEHLEN DÜRFEN

Eine gut ausgestattete Küche ist das A und O für schnelle und leckere Gerichte. Hier sind einige Essentials, die in deiner Männerküche nicht fehlen dürfen:

Gewürze
Diese Grundgewürze verleihen deinen Gerichten den nötigen Pfiff und sorgen für abwechslungsreiche Geschmacksnoten:

- Chiliflocken bzw. -pulver
- Knoblauchpulver
- Kreuzkümmel
- Muskatnuss
- Paprika edelsüß und rosenscharf
- Pfeffer
- Salz
- Zimt

Getrocknete Kräuter dürfen auch nicht fehlen. Hier sind die Basics:

- Basilikum
- Oregano
- Rosmarin
- Thymian

Auch **Gewürzmischungen** können eine tolle Ergänzung für das Gewürzregal sein:

- Currypulver
- gemischte italienische Kräuter
- Ras el-Hanout
- Zimt und Zucker

Öle und Fette
Sie sind grundlegende Zutaten in der Küche, die sowohl zum Braten als auch zum Verfeinern von Speisen genutzt werden:

- Butter
- Olivenöl
- Sonnenblumen- oder Rapsöl

Trockene Zutaten
Diese Vorräte sind unverzichtbare Grundnahrungsmittel, die lange gelagert werden können und vielseitige Verwendung finden:

- Backpulver
- Brot oder Knäckebrot
- Haferflocken
- Kakaopulver

- Mehl (Weizenmehl, Typ 405)
- Nudeln (verschiedene Sorten)
- Reis (Langkorn und Basmati)
- Speisestärke
- Vanillezucker
- Zucker (weißer und brauner)

Gemüse für die Vorratskammer
Einige Gemüsesorten eignen sich besonders gut zur Lagerung in der Vorratskammer und tragen zu einer ausgewogenen Ernährung bei:

- Karotten
- Kartoffeln
- Knoblauch
- Tomaten
- Zitronen
- Zwiebeln

Kühlschrank- und Tiefkühlvorräte
Frische und tiefgekühlte Lebensmittel sind entscheidend, um jederzeit Zugang zu hochwertigen und nährstoffreichen Zutaten zu haben:

- Eier
- Fleisch und Fisch (frisch oder TK)
- Gemüse (frisch oder TK)
- Joghurt
- Käse (Hart- und Weichkäse)
- Milch oder pflanzliche Alternativen

Konserven
Konserven sind praktisch und lange haltbar, ideal für die Vorratshaltung und schnelle Zubereitung von Mahlzeiten:

- Brühe (Gemüse-, Hühner-, Rinderbrühe)
- Gemüsekonserven (z. B. Mais, Erbsen, Bohnen)
- Obstkonserven (z. B. Pfirsiche, Ananas)
- Thunfisch in Öl
- Tomaten (gehackt oder passiert)

Sonstiges
Diese Zutaten sind vielseitig einsetzbar und sollten immer griffbereit sein. Sie bilden die Basis für viele Dressings, Marinaden und Soßen:

- Essig (Apfelessig, Balsamicoessig und Weißweinessig)
- Honig
- Kokosmilch
- Senf
- Sojasoße
- Tomatenketchup

PRAKTISCHE KÜCHENHELFER

Mit diesen Basics bist du bestens ausgestattet, um alle Rezepte in diesem Buch umzusetzen:

Kochgeschirr
- Auflaufform
- Backblech und Backpapier
- Pfanne (mittlere Größe)
- Töpfe (klein und groß)

Messer und Schneidewerkzeuge
- Brotmesser
- Gemüsemesser
- Kochmesser
- Schneidebrett
- Sparschäler
- Spiralschneider

Utensilien
- Dosenöffner
- Fleischthermometer
- Holzlöffel
- Knoblauchpresse
- Küchenwaage
- Messbecher
- Pfannenwender
- Reibe
- Schneebesen
- Schöpfkelle
- Sieb
- Zitruspresse

Rühr- und Mixgeräte
- Handrührgerät
- Stabmixer

Lagerbehälter und Aufbewahrung
- Frischhaltedosen und Gläser (verschiedene Größen)
- Gefrierbeutel
- Frischhaltefolie

NÜTZLICH FÜR DEN FLEISCHLIEBHABER

STEAK-KERNTEMPERATUREN

Die Kerntemperatur ist entscheidend für den Garpunkt des Fleisches und beeinflusst sowohl den Geschmack als auch die Textur des Fleisches. Mit dieser Übersicht gelingt jedem sein perfektes Steak - ein super Rezept findest du auf S. 72:

Rare (49-52 °C)
Das Fleisch ist innen sehr rosa bis rot und saftig. Es ist nur leicht erwärmt und bleibt sehr zart.

Medium Rare (53-57 °C)
Das Fleisch ist innen rosa. Es ist etwas mehr durchgegart als „rare", aber immer noch zart und sehr saftig.

Medium (58-60 °C)
Das Fleisch ist gleichmäßig rosa bis leicht braun und noch saftig. Es ist durchgegart, aber immer noch zart und mit viel Geschmack.

Medium Well (61-65 °C)
Das Fleisch ist größtenteils durchgegart mit einem kleinen rosa Kern. Es ist weniger saftig, aber immer noch zart und schmackhaft.

Well Done (ab 66 °C)
Das Fleisch ist vollständig durchgegart und meist leicht braun bis grau im Inneren. Es ist weniger saftig und etwas fester in der Konsistenz.

01 QUICK START

BLITZREZEPTE ZUM FRÜHSTÜCK

Morgens keine Zeit und trotzdem Lust auf ein nahrhaftes Frühstück? Dieses Kapitel ist deine Rettung! Um mit Vollgas in den Tag zu starten, sind die Rezepte einfach unschlagbar. In Rekordzeit gemacht und echt lecker. Ob vor der Arbeit, nach dem Work-out oder wenn du einfach mal keine Lust auf langweilige Cornflakes hast – hier findest du genau das Richtige.

FIXE BROTZEIT MIT OBAZDA UND WURSTSALAT

Für den Obazda den Camembert grob würfeln und in eine Schüssel geben. Die Butter und die Gewürze zugeben. Alles mit einer Gabel zerdrücken.

Die Zwiebel schälen, halbieren und in Scheiben schneiden. Den Schnittlauch abbrausen, trocken schütteln und in feine Ringe schneiden. Den Obazda mit Zwiebelringen und Schnittlauch garnieren.

Für den Wurstsalat die Fleischwurst quer dritteln und dann in dünne Stifte schneiden. Mit dem Emmentaler und den Cornichons ebenso verfahren. Alle drei Zutaten in eine Schüssel geben. Die Zwiebeln schälen, halbieren, in Scheiben schneiden und in die Schüssel geben.

Aus Mayonnaise, Gurkenwasser, Senf, Zucker und den Gewürzen ein Dressing anrühren, über die anderen Zutaten geben und alles verrühren. Den Salat, wenn möglich, für ca. 2 Stunden im Kühlschrank ziehen lassen. Die Petersilie abbrausen, trocken schütteln und fein hacken.

Den mit Salz und Pfeffer abgeschmeckten Salat mit frischer Petersilie bestreuen.

Obazda und Wurstsalat zur Brotzeit mit frischem Laugengebäck servieren.

Für den Obazda:

250 g Camembert
75 g weiche Butter
1 TL Paprikapulver (edelsüß)
1 Prise gemahlener Kümmel
Salz
frisch gemahlener Pfeffer
1 rote Zwiebel
Schnittlauch

Für den Wurstsalat:

300 g Fleischwurst
150 g Emmentaler
100 g Cornichons (Glas)
2 rote Zwiebeln
120 g Mayonnaise
1 EL Gurkenwasser
1 EL Senf
½ TL Zucker
Salz
frisch gemahlener Pfeffer
Petersilie

JOGHURT MIT GRANOLA

Für das Granola:
70 g Kokosfett
80 g Honig
200 g zarte Haferflocken
40 g Kokosflocken
40 g gehobelte Mandeln

Außerdem:
300 g griechischer Joghurt
1 TL Honig oder Agavendicksaft
150 g Obst nach Belieben

Den Backofen auf 180 °C vorheizen.

Das Kokosfett in einem Topf schmelzen und den Honig einrühren.

Haferflocken, Kokosflocken und Mandeln zugeben und alles vermischen.

Die Masse gleichmäßig auf einem mit Backpapier ausgelegten Backblech verteilen und für 15–20 Minuten im vorgeheizten Backofen rösten. Zwischenzeitlich einmal „durchrühren“.

Während der Backzeit den griechischen Joghurt mit dem Honig verrühren und auf zwei Gläser verteilen. Das Obst waschen, klein schneiden und ebenfalls auf die Gläser verteilen.

Das fertig gebackene Granola aus dem Backofen nehmen und kurz abkühlen lassen. Dann jeweils 3 EL davon als Topping auf die Gläser geben.

Tipp: Die Menge des Granola reicht für mehrere Portionen. In einem luftdicht verschlossenen Gefäß ist es 7 Tage haltbar.

SHAKSHUKA

Die Zwiebel und den Knoblauch schälen und fein hacken.

Die Spitzpaprika waschen, von Samen und Scheidewänden befreien und würfeln. Das Olivenöl in einer Pfanne erhitzen und die Paprika darin scharf anbraten. Nach ca. 2 Minuten die Zwiebel und den Knoblauch zugeben und 5 Minuten mitbraten.

Das Currypulver, den Kreuzkümmel, das Paprikapulver und den Cayennepfeffer in die Pfanne geben und unter ständigem Rühren 1 Minute anrösten. Mit den Tomaten ablöschen und die Hitze reduzieren. Mit Salz und Pfeffer würzen.

Mit einem Esslöffel zwei Mulden in das Shakshuka drücken und die Eier hineinschlagen. Die Pfanne am besten mit einem Deckel verschließen und alles so lange köcheln lassen, bis das Eiweiß gestockt ist.

Den Koriander abbrausen, trocken schütteln und die Blättchen abzupfen. Das Shakshuka damit garnieren und direkt aus der Pfanne genießen.

Für das Shakshuka:

1 Zwiebel

1 Knoblauchzehe

2 Spitzpaprika

2 EL Olivenöl

1 EL Currypulver Garam Masala

1 TL Kreuzkümmel

1 TL Paprikapulver (edelsüß)

½ TL Cayennepfeffer

400 g geschälte Tomaten (Dose)

Salz

frisch gemahlener Pfeffer

2 Eier

Außerdem:

2 Stängel Koriander

FRÜHSTÜCKS-SANDWICH

4 Scheiben Toastbrot
4 EL Butter
4 Eier
Salz
4 Scheiben Cheddar
2 Scheiben Kochschinken

Die Toastbrotscheiben auf beiden Seiten mit Butter bestreichen. Die Eier in einem tiefen Teller mit etwas Salz aufschlagen und verquirlen.

Eine Pfanne auf dem Herd erhitzen und 2 Toastbrotscheiben darin auf einer Seite rösten. Anschließend wieder herausnehmen und die Hälfte der Eimasse in die Pfanne gießen.

Die Toastbrotscheiben nebeneinander mit der ungerösteten Seite nach oben in das Ei legen. Das Ei für ca. 1 Minute stocken lassen.

Dann das Ganze wenden und die überstehende Eimasse nach innen klappen. Jetzt 1 Scheibe Cheddar auf eine der Toastbrotscheiben legen, darauf 1 Scheibe Kochschinken und dann erneut 1 Scheibe Cheddar. Die zweite Scheibe Toastbrot nun auf die belegte Toastbrotscheibe klappen und das Sandwich von beiden Seien anbraten, bis der Käse innen geschmolzen ist und das Toastbrot braun und knusprig.

Mit dem zweiten Sandwich ebenso verfahren.

FRÜHSTÜCKS-SMOOTHIE

Den Spinat waschen und verlesen. Mit der Kokosmilch in einen Mixer geben.

Die Bananen und die Orange schälen und ebenfalls zugeben. Wer möchte, fügt noch Proteinpulver zu. Dann alles gut durchmixen.

Auf zwei Gläser verteilen und servieren.

Tipp: Wer die Zutaten vorher in den Kühlschrank stellt, erhält einen erfrischend kalten Smoothie.

50 g Babyspinat

500 ml Kokosmilch (Dose)

2 Bananen

1 Orange

2 TL geschmacksneutrales Proteinpulver (nach Belieben)

BAGELS MIT PUTENBRUST

- 2 Bagels
- 2 Blätter Lollo Bianco
- 2 Tomaten
- 150 g Frischkäse
- 1 Bund Schnittlauch
- 1 EL Zitronensaft
- Salz
- 100 g Putenbrustaufschnitt
- Kresse

Die Bagels im Backofen bei 180 °C Umluft für 5 Minuten aufbacken.

Währenddessen die Salatblätter waschen und trocknen. Die Tomaten waschen und in Scheiben schneiden.

Den Frischkäse in eine Schüssel geben. Den Schnittlauch abbrausen, trocken schütteln und in feine Ringe schneiden. Zusammen mit dem Zitronensaft und etwas Salz zu dem Frischkäse geben. Alles miteinander verrühren.

Die Bagels aus dem Backofen nehmen, quer halbieren und die Schnittflächen mit der Frischkäse-Creme bestreichen. Jeweils ein Salatblatt auf die untere Bagelhälfte legen. Darauf jeweils die Hälfte des Putenbrustaufschnitts verteilen. Die Tomatenscheiben daraufgeben und mit etwas frischer Kresse bestreuen. Mit der oberen Hälfte des Bagels abschließen und sofort genießen oder für unterwegs einpacken.

SCHINKEN-MUFFINS MIT EI

Den Backofen auf 180 °C Umluft vorheizen.

Die Kochschinkenscheiben in die Mulden einer Muffinform drücken. Sollten diese viel zu groß sein, kann man sie auch vorher mit einem passend großen Schüsselchen ausstechen.

Die Paprika waschen, von Samen und Scheidewänden befreien und fein würfeln. In die mit Kochschinken ausgelegten Mulden geben und jeweils ein Ei darüber aufschlagen. Etwas Käse auf jedes Ei streuen und die Muffinform in den vorgeheizten Backofen geben. Die Schinken-Muffins für 15 Minuten backen, bis das Ei komplett gestockt ist. Währenddessen den Schnittlauch abbrausen, trocken schütteln und in feine Röllchen schneiden.

Die Muffinform aus dem Backofen nehmen. Die Muffins mit einem Löffel aus der Form heben, salzen und mit frisch gehacktem Schnittlauch garnieren.

Für 8 Muffins

8 Scheiben Kochschinken
½ rote Paprika
8 Eier
50 g geriebener Käse
2–3 Stängel Schnittlauch zum Garnieren
Salz

FRENCH TOAST STICKS

½ Kastenweißbrot (ca. 250 g)
2 Eier
60 ml Vollmilch
1 Prise Salz
70 g Zucker
1 TL Zimt
3 EL Butter
Ahornsirup

Das Weißbrot in ca. 5 cm dicke Scheiben schneiden, den Rand abtrennen und die Scheiben dritteln, sodass Stifte (= Sticks) entstehen. Die Eier in einen tiefen Teller geben und mit Milch und Salz vermengen. Zucker und Zimt in einem weiteren Teller vermischen.

Die Butter in einer Pfanne erhitzen. Die einzelnen Sticks in die Milch-Ei-Mischung drücken, sodass sie rundherum damit benetzt sind, und dann in die Pfanne geben. Von jeder Seite anbraten, bis sie schön braun sind.

Anschließend aus der Pfanne nehmen, direkt in der Zucker-Zimt-Mischung wälzen und dann in einer Schüssel etwas abkühlen lassen.

Die fertigen French Toast Sticks zusammen mit dem Ahornsirup servieren.

CROQUE MONSIEUR

4 Scheiben Toastbrot
Butter
150 g Käse (z. B. Gruyère)
4 Scheiben Kochschinken
frisch gemahlener Pfeffer
1–2 Stängel Petersilie

Zunächst den Backofen auf 180 °C vorheizen.

Die Toastscheiben von beiden Seiten mit Butter bestreichen. Die Hälfte des Käses in Scheiben schneiden, die andere Hälfte fein reiben. Auf zwei der Toastscheiben die Käsescheiben legen und darauf jeweils zwei Scheiben Kochschinken geben. Die beiden übrigen Toastscheiben darauflegen und den geriebenen Käse darüberstreuen.

Beide Sandwiches auf einem mit Backpapier ausgelegtem Backblech in den Backofen geben und ca. 15 Minuten backen, bis der Käse zerlaufen und leicht gebräunt ist.

In der Zwischenzeit die Petersilie abbrausen, trocken schütteln und fein hacken. Die fertigen Sandwiches mit Petersilie bestreuen und servieren.

02 WORK & TRAVEL

SCHNELLE SNACKS FÜR DIE MITTAGSPAUSE UND UNTERWEGS

Du musst los, mittags kommt garantiert der kleine Hunger um die Ecke, aber die Brotdose ist leer? Kein Problem! Hier findest du Kleinigkeiten für den Energie-Kick zwischendurch, egal ob du heute im Büro, im Zug oder generell auf Achse bist. Diese Snacks kannst du in Windeseile vorbereiten und ganz easy mitnehmen.

OVERNIGHT OATS

80 g zartschmelzende Haferflocken

1 EL Leinsamen

1 EL Kokosflocken

250 ml Milch oder Pflanzendrink

50 g Walnusskerne

100 g gemischte Beeren (z. B. Himbeeren, Heidelbeeren, Physalis)

Die Haferflocken mit den Leinsamen und den Kokosflocken vermischen.

Alles auf zwei verschließbare Gläser verteilen und mit der Milch auffüllen.

Die Gläser verschließen und über Nacht in den Kühlschrank stellen.

Am nächsten Morgen die Gläser öffnen und den Inhalt mit einem Löffel einmal gründlich umrühren.

Die Walnusskerne grob hacken und zusammen mit den gewaschenen Beeren auf die Gläser verteilen. Direkt aus dem Glas genießen.

PIZZA-SCHNECKEN

Für ca. 10 Stück

1 Rolle Pizzateig (Kühlregal, 400 g)
400 g passierte Tomaten
Salz
frisch gemahlener Pfeffer
1 EL gemischte italienische Kräuter (getrocknet)
150 geriebener Käse

Belag nach Wunsch, z. B.:
2 Scheiben Kochschinken
8 Scheiben italienische Salami

Den Backofen auf 180 °C Umluft vorheizen.

Den Pizzateig auf einem Backblech mit Backpapier ausrollen. Die passierten Tomaten in eine Schüssel gießen und mit Salz, Pfeffer sowie den gemischten italienischen Kräutern würzen. Mit einem Löffel auf dem Teig verteilen, sodass außen noch etwa 1–2 cm Rand frei bleiben.

Den geriebenen Käse darüberstreuen (etwas davon zurückbehalten) und dann den Wunschbelage darauf verteilen. Hier sind es Kochschinken und Salami.

Den Teig über die lange Seite einrollen und dann den Abschluss andrücken. Die Rolle mit einem scharfen Messer in ca. 3 cm dicke Scheiben schneiden und die einzelnen Scheiben mit der Schnittfläche nach oben auf dem Backblech verteilen. Noch etwas Käse auf die Schnittflächen streuen und dann das Backblech für 20 Minuten in den Ofen geben.

Vor dem Servieren noch etwas von den gemischten italienischen Kräutern über die Pizzaschnecken streuen.

ASIA-SUPPE TO GO

Das Ingwerpulver sowie die Gemüsebrühe, die Sojasoße und das Sambal Oelek gleichmäßig auf die beiden Gläser verteilen. Die Mie-Nudeln zerbrechen und in die Gläser geben.

Die Paprika waschen, von Samen und Scheidewänden befreien, würfeln und ebenfalls zufügen. Die Möhre schälen, mit einem Sparschäler in dünne Streifen hobeln und auf die Gläser verteilen. Mit den Garnelen toppen und die Gläser zum Mitnehmen dicht verschließen. Kühl stellen.

Zum Verzehr mit kochendem Wasser auffüllen, 5 Minuten ziehen lassen, umrühren und genießen.

Für die Suppe:

1 TL Ingwerpulver

2 TL gekörnte Gemüsebrühe

6 EL Sojasoße

1 TL Sambal Oelek

100 g trockene Mie-Nudeln

1 rote Paprika

1 Möhre

10 Garnelen (TK), aufgetaut

Außerdem:

2 verschließbare Gläser à 500 ml

HÄHNCHEN-AVOCADO-WRAPS

Für 4 Wraps

Für die Avocadocreme:
2 reife Avocados
1 Knoblauchzehe
Saft von ½ Limette
Salz

Außerdem:
400 g Hähnchenbrustfilet
Salz
frisch gemahlener Pfeffer
2 EL Paprikapulver (edelsüß)
2 EL Rapsöl
½ Eisbergsalat
1 rote Paprika
1 rote Zwiebel
4 Weizen-Wraps
150 g Feta

Avocados halbieren, entkernen und das Fruchtfleisch herauslöffeln. Knoblauch schälen und fein reiben. Avocado mit Knoblauch, Limettensaft und etwas Salz mit einer Gabel zerdrücken und verrühren. 1 Avocado-Kern in die Creme stecken, damit sie nicht braun wird, und in den Kühlschrank stellen. Das Hähnchenbrustfilet in ca. 2 cm dicke Stücke schneiden und mit Salz, Pfeffer sowie dem Paprikapulver würzen und gut vermischen. Das Rapsöl in einer Pfanne erhitzen und das Fleisch darin rundherum anbraten. Aus der Pfanne nehmen und beiseitestellen.

Den Eisbergsalat waschen und in feine Streifen schneiden. Die Paprika waschen, von Samen und Scheidewänden befreien und ebenfalls in feine Streifen schneiden. Die Zwiebel schälen und in dünne Ringe schneiden.

Die Pfanne säubern und die Wraps darin von jeder Seite ca. 30 Sekunden anwärmen, damit sie weich werden. Aus der Pfanne nehmen und direkt mit der Avocadocreme bestreichen. Etwas Salz und Paprikapulver darüberstreuen und etwas Hähnchenfleisch darauf verteilen. Ein paar Zwiebelringe, etwas Eisbergsalat und Paprika auf das Fleisch geben und ein wenig Feta darüberbröseln. Den Wrap einrollen und mit allen weiteren so verfahren.

GLASNUDELSALAT

Die Glasnudeln in einen tiefen Teller geben, mit kochendem Wasser übergießen und 10 Minuten ziehen lassen.

Währenddessen die Möhren schälen und in kleine Stifte schneiden. Die Maiskölbchen ebenfalls in kleine Stifte schneiden. Von den Zuckerschoten die Enden abtrennen und waschen.

Für das Dressing den Knoblauch und die Zwiebel schälen und fein würfeln. Etwas Öl in eine Pfanne gießen und beides kurz darin anschwitzen. Sojasoße, Fischsoße, Honig und Essig in einer kleinen Schale verrühren und Knoblauch und Zwiebeln damit ablöschen. Mit Korianderpulver und Zitronengras würzen.

Die Glasnudeln, das Gemüse sowie das Dressing in einer Schüssel zu einem Nudelsalat vermischen.

Für den Salat:

1 Pck. Glasnudeln (100 g)
2 Möhren
6 kleine Maiskölbchen (Glas)
100 g Zuckerschoten

Für das Dressing:

1 Knoblauchzehe
1 kleine Zwiebel
Pflanzenöl zum Anbraten
5 EL Sojasoße
3 EL Fischsoße
1 EL Honig
1 TL Essig
1 TL Korianderpulver
1 TL Zitronengras (getrocknet)

BACON-CHEESE-WAFFELN

Für 8 Waffeln

Für die Waffeln:
6 Scheiben Speck
200 ml Milch
2 Eier
150 g Weizenmehl
½ TL Salz
½ TL Backpulver
100 g geriebener Cheddar
Butter

Außerdem:
200 g Kräuterquark (siehe S. 91)
Schnittlauch zum Garnieren

Den Speck in einer Pfanne ohne Fett von beiden Seiten knusprig anbraten. Anschließend auf einem Küchenpapier abtropfen und abkühlen lassen.

In einer Schüssel die Milch und die Eier miteinander verrühren. Nach und nach das Mehl zugeben und weiterrühren. Dann Salz und Backpulver unterrühren. Den Speck zerbrechen und zusammen mit dem Cheddar unter den Teig heben.

Das Waffeleisen vorheizen und mit Butter einpinseln. Pro Waffel 2 EL Teig ins Waffeleisen geben und die Waffeln ausbacken. Währenddessen den Schnittlauch abbrausen, trocken schütteln und in feine Röllchen schneiden.

Die fertigen Waffeln mit Kräuterquark servieren und mit Schnittlauch garnieren.

CHOPPED BLT SANDWICH

Den Bacon in einer Pfanne ohne weiteres Fett knusprig braten und auf einem Küchenpapier abkühlen lassen. Den Eisbergsalat waschen, in dünne Streifen schneiden und auf einem großen Brett verteilen. Die Tomaten waschen, in Scheiben schneiden und auf den Eisbergsalat legen. Darauf die knusprigen Baconscheiben geben.

Mit einem scharfen Messer alle Zutaten kreuz und quer auf dem Brett zerschneiden, sodass eine fein gehackte „Masse“ entsteht. Die Mayonnaise, den Senf sowie den Cheddar daraufgeben und alles miteinander vermengen.

Die Baguette-Brötchen seitlich aufschneiden, sodass eine Seite noch zusammenhängend ist. Mit dem Messer die Füllung auf den Brötchenhälften verteilen.

6 Scheiben Bacon
¼ Eisbergsalat
1 Tomate
4 EL Mayonnaise
1 EL Senf
50 g geriebener Cheddar
2 Baguette-Brötchen

PFANNKUCHEN-RÖLLCHEN MIT RÄUCHERLACHS

Für 6 Pfannkuchen

Für den Teig:
160 g Weizenmehl
1 Prise Zucker
1 Prise Salz
2 Eier
250 ml Milch
Rapsöl zum Anbraten

Für die Füllung:
200 g Frischkäse
185 g Sahne-Meerrettich (Glas)
Salz
1 Bund Schnittlauch
200 g Räucherlachs

Für den Teig alle Zutaten mit einem Handrührgerät zu einem cremigen Teig verarbeiten.

Rapsöl in einer Pfanne erhitzen und nacheinander 6 Pfannkuchen darin braten. Aus der Pfanne nehmen und etwas abkühlen lassen.

Währenddessen für die Füllung den Frischkäse mit dem Sahne-Meerrettich verrühren und etwas salzen. Den Schnittlauch abbrausen, trocken schütteln, in feine Röllchen schneiden und ¾ davon unterrühren.

Jeden Pfannkuchen mit der Frischkäse-Meerrettich-Creme bestreichen und mit Räucherlachs belegen. Den Pfannkuchen einrollen und dann schräg in ca. 5 cm dicke Scheiben schneiden. Mit dem restlichen Schnittlauch bestreuen und servieren.

COUSCOUS-SALAT IM GLAS

Für den Salat den Vollkorn-Couscous mit der doppelten Menge, also 300 ml, kochendem Wasser übergießen, einmal umrühren und 10 Minuten ziehen lassen. Anschließend erneut umrühren und abkühlen lassen.

Die Kichererbsen in ein Sieb geben, abspülen und abtropfen lassen. Den Mais ebenfalls durch ein Sieb abgießen. Die Paprika waschen, von Samen und Scheidewänden befreien und fein würfeln. Die Petersilie abbrausen, trocken schütteln und fein hacken. Alles nacheinander geschichtet auf zwei Gläser verteilen und luftdicht verschließen.

Für das Dressing Olivenöl, Weißweinessig, Salz und Pfeffer in einer Schüssel vermengen und in eine kleine Flasche abfüllen.

Unterwegs einfach das Dressing über den Salat gießen, alles umrühren und genießen.

Für den Salat:

150 g Vollkorn-Couscous

1 kleine Dose Kichererbsen

1 kleine Dose Mais

½ rote Paprika

4 Stängel Petersilie

Für das Dressing:

6 EL Olivenöl

2 EL Weißweinessig oder Zitronensaft

Salz

frisch gemahlener Pfeffer

Außerdem:

2 verschließbare Gläser à 300 ml

1 kleine Flasche à 50 ml für das Dressing

SOMMERROLLEN MIT GEMÜSE

Für 6 Rollen

½ Eisbergsalat
½ Gurke
1 große Möhre
2 Eier
Salz
1 EL Rapsöl
50 g Mungbohnenkeimlinge
6 Blatt Reispapier
Sojasoße

Den Eisbergsalat gründlich waschen, vom Strunk befreien und in dünne Streifen schneiden. Die Gurke sowie die Möhre schälen und in dünne Stifte schneiden.

Die Eier in einer Schüssel aufschlagen, salzen und verquirlen. Das Rapsöl in einer beschichteten Pfanne erhitzen und das Ei hineingießen. Wenn das Omelett von der Unterseite gestockt ist, einmal wenden, und von der anderen Seite durchgaren. Aus der Pfanne nehmen, in dünne Streifen schneiden und beiseitestellen.

Einen großen, tiefen Teller mit lauwarmem Wasser füllen und ein Blatt Reispapier kurz hineintauchen, bis es weich wird. Das Reispapier auf einem Brett auslegen und mittig mit Eisbergsalat, Gurke, Möhre, Mungbohnenkeimlingen und einem Omelett-Streifen belegen. Den unteren Teil des Reispapiers über die Füllung schlagen, die rechte und linke Seite einklappen und aufrollen. Den Vorgang mit den restlichen Zutaten wiederholen.

Die Sommerrollen vor dem Servieren halbieren und auf zwei Teller verteilen. Mit Sojasoße zum Dippen servieren.

Tipp: Die Sommerrollen lassen sich je nach Geschmack z. B. auch super mit Garnelen, Avocado oder Tofu füllen.

03 ENERGY BOOSTER

TURBO-REZEPTE FÜR EIN EFFEKTIVES TRAINING

Du bist müde, das Wetter ist schlecht und du hast es dir mit deinem inneren Schweinehund gerade erst so richtig gemütlich gemacht? Schluss mit faulen Ausreden und ran an den Herd: Hier kommen motivierende Power-Rezepte, mit denen auch der letzte Couch-Potato zum Sportfan wird. Ob vor dem Training, direkt danach oder als gesunder Snack zwischendurch – diese Rezepte geben dir den nötigen Boost.

HÜTTENKÄSE-BOWL

Den Hüttenkäse mit dem Ahornsirup und dem Vanillearoma verrühren. Auf zwei Schälchen verteilen. Die Beeren waschen und den Hüttenkäse damit toppen. Die Walnusskerne sowie die Pistazien mit einem Messer grob hacken und über die Bowls streuen.

Mit Minze garnieren und genießen.

Für die Bowl:

400 g Hüttenkäse

2 EL Ahornsirup

½ TL Vanillearoma

50 g Himbeeren

50 g Erdbeeren

50 g Blaubeeren

40 g Walnusskerne

2 EL ungesalzene und geschälte Pistazien

Außerdem:

Minze zum Garnieren

PROTEINSHAKE MIT KAKAO

2 Bananen
60 g zartschmelzende Haferfocken
50 g Backkakao
240 g Joghurt (0,1 % Fett)
2 EL Kokosraspel
500 ml Pflanzendrink, z. B. Mandeldrink
2 EL Agavendicksaft (nach Belieben)

Die Bananen schälen, grob vorschneiden und in einen Standmixer geben.

Die Haferflocken, den Kakao, den Joghurt, die Kokosraspel und etwa die Hälfte des Pflanzendrinks zugeben und alles ca. 2 Minuten lang mixen.

Anschließend den restlichen Pflanzendrink zugießen und den Shake noch einmal gut durchmischen. Wem der Drink nicht süß genug ist, kann noch Agavendicksaft zufügen.

Den Proteinshake auf zwei Gläser verteilen und direkt genießen.

Tipp: Wer kein Kokos-Fan ist, kann für ein nussiges Aroma statt der Kokosraspel auch 2 EL gemahlene Haselnusskerne nehmen.

OMELETT MIT AVOCADO

Die Eier in eine Schüssel geben, mit Salz und Pfeffer würzen und mit einer Gabel aufschlagen. Den Eisbergsalat waschen und in dünne Streifen schneiden. Die Cherrytomaten waschen und halbieren. Die Avocados halbieren, den Kern entfernen und mit einem Löffel das Fruchtfleisch herauslösen. Das Fruchtfleisch in Scheiben schneiden. Die Zwiebel schälen, halbieren und ebenfalls in Scheiben schneiden.

In zwei Pfannen jeweils 2 EL Rapsöl erhitzen. Alternativ die beiden Omeletts nacheinander backen. Die Eimasse auf beide Pfannen verteilen und die Pfannen mit einem Deckel verschließen. Für 3–4 Minuten stocken lassen. Die Omeletts anschließend mit einem Pfannenwender vorsichtig wenden. Nach weiteren 2–3 Minuten die Omeletts aus der Pfanne nehmen und jeweils auf einen Teller geben.

Die Omeletts mit dem Eisbergsalat, den Cherrytomaten, den Avocados und den Zwiebeln belegen. Dann wie eine Tasche zuklappen. Den Schnittlauch abbrausen, trocken schütteln und in feine Röllchen schneiden. Die Omeletts damit garnieren.

Für die Omeletts:

8 Eier
Salz
frisch gemahlener Pfeffer
½ Eisbergsalat
100 g Cherrytomaten
2 Avocados
1 Zwiebel
4 EL Rapsöl

Außerdem:

Schnittlauch zum Garnieren

GRATINIERTER PORRIDGE

Für 3 Portionen

75 g kernige Haferflocken
375 g Milch oder Pflanzendrink
1½ TL Zimt
1 Prise Salz
1½ Bananen
6 EL Joghurt
3 TL brauner Zucker

Die Haferflocken zusammen mit der Milch, dem Zimt und dem Salz in einem Topf aufkochen. Die Masse kurz köcheln lassen, dann die Hitze reduzieren und für 10 weitere Minuten unter gelegentlichem Rühren simmern lassen.

Den Backofen auf 220 °C mit Grillfunktion vorheizen.

Den Porridge auf 3 kleine ofenfeste Förmchen (ca. 10 cm Ø) verteilen. Die Bananen schälen, in Scheiben schneiden und diese gleichmäßig auf dem Porridge verteilen. Jeweils 2 EL Joghurt auf die Förmchen verteilen und jeweils einen TL braunen Zucker daraufstreuen.

Die Förmchen auf ein Backblech stellen. Auf einer der oberen Schienen des vorgeheizten Backofens für ca. 5 Minuten grillen, bis der braune Zucker zerlaufen und karamellisiert ist. Anschließend aus dem Backofen nehmen und etwas abkühlen lassen, sodass der karamellisierte Zucker fest wird und eine leckere Kruste ergibt.

ZOODLES MIT HÄHNCHEN

- 400 g Hähnchenbrustfilet
- 4 EL Rapsöl
- 2 kleine Zucchini (ca. 500 g)
- 1 Zwiebel
- 1 Knoblauchzehe
- 100 ml Gemüsebrühe
- 100 ml Sahne
- 150 g Gorgonzola
- ½ Zitrone
- Salz
- frisch gemahlener Pfeffer
- 2 Stängel Petersilie
- 25 g Pinienkerne

Das Hähnchenbrustfilet in Streifen schneiden. 2 EL Öl in einer Pfanne erhitzen und die Hähnchenstreifen darin rundherum anbraten. Aus der Pfanne nehmen. Beiseitestellen und warm halten.

Die Zucchini waschen und mit einem Spiralschneider in Zoodles schneiden. Alternativ die Zucchini mit einem Sparschäler in dünne Scheiben hobeln und diese mit einem Messer in dünne Stifte schneiden. Die Zwiebel sowie den Knoblauch schälen und fein würfeln.

Die Zoodles mit 2 EL Öl in die Pfanne geben und für ca. 3 Minuten weich dünsten. Die Zwiebel und den Knoblauch zugeben und ebenfalls für 2–3 Minuten anbraten.

Alles mit der Brühe und der Sahne ablöschen. Den Gorgonzola grob würfeln und in der Soße unter Rühren auflösen. Mit dem Saft der halben Zitrone, Salz und Pfeffer würzen.

Die Hähnchenstreifen untermengen. Die Petersilie abbrausen, trocken schütteln und die Blättchen fein hacken. Zum Schluss unter die Soße rühren.

Die Zoodles auf zwei Teller verteilen und mit den Pinienkernen toppen.

DORADE MIT AVOCADO-MANGO-SALAT

Für den Salat:
1 Mango
2 Avocados
2 EL Rapsöl
3 Stangen Staudensellerie
1 rote Zwiebel
1 Mozzarella (125 g)

Für das Dressing:
Saft von ½ Limette
6 EL Olivenöl
1 TL Agavendicksaft
Salz
frisch gemahlener Pfeffer

Für die Dorade:
2 EL Butter
1 Knoblauchzehe
1 Zweig Rosmarin
2 Doradenfilets

Für den Salat die Mango schälen, den Kern herausschneiden und das Fruchtfleisch in ca. 1 cm dicke Stücke würfeln. Avocados halbieren, den Kern entfernen und das Fruchtfleisch herauslöffeln und in Scheiben schneiden. Öl in einer Pfanne erhitzen und die Avocados darin von jeder Seite etwa 2 Minuten anbraten. Anschließend auf einem Küchenpapier abkühlen lassen.

Den Staudensellerie putzen und in Scheiben schneiden. Die Zwiebel schälen und fein würfeln. Den Mozzarella in mundgerechte Stücke zupfen und zusammen mit dem Gemüse und der Mango in eine Schüssel geben.

Für das Dressing Limettensaft, Öl und Agavendicksaft verrühren. Mit Salz und Pfeffer würzen und über den Salat gießen. Alles vermischen und den Salat bis zur Verwendung abgedeckt im Kühlschrank aufbewahren.

Für die Dorade die Butter in einer Pfanne schmelzen und erhitzen. Die Knoblauchzehe schälen und zusammen mit dem Rosmarinzweig in die Butter legen. Filets mit der Hautseite nach unten dazugeben und etwa 8 Minuten bei mittlerer Hitze und geschlossenem Deckel anbraten. Dabei immer wieder die Butter mit einem Löffel über die Fleischseite des Fisches löffeln. Wenn Eiweiß aus dem Fischfleisch heraustritt und die gesamte Oberfläche der Filets weiß ist, kann der Fisch zusammen mit dem Salat serviert werden.

04 TIME TO RELAX

FIXES FÜR DEN ENTSPANNTEN FEIERABEND

Minimaler Aufwand, aber maximaler Genuss? Nach einem harten Arbeitstag hast du dir den Feierabend wirklich verdient! Mit diesen simplen Rezepten zauberst du ohne ewiges Schnippeln, Brutzeln und Rühren im Handumdrehen leckere Gerichte, die selbst ein Kochmuffel hinbekommt. Dieses Kapitel hat alles, was du brauchst, um den Tag satt und ganz gechillt ausklingen zu lassen.

DAS PERFEKTE STEAK

Die Steaks 24 Stunden vor der Zubereitung von beiden Seiten salzen und mit Frischhaltefolie abdeckt im Kühlschrank aufbewahren. Die Steaks etwa 2 Stunden vor der Zubereitung aus dem Kühlschrank nehmen und Zimmertemperatur annehmen lassen.

Den Backofen auf 140 °C vorheizen.

Eine Guss- oder eine Grillpfanne auf dem Herd heiß werden lassen. Die Steaks bei hoher Hitze von beiden Seiten etwa 2 Minuten scharf anbraten, bis sie eine schöne Kruste bekommen haben. Wenn die Kruste perfekt ist, lassen sich die Steaks, ohne anzukleben, vom Pfannenboden lösen.

Die Steaks dann für 10 Minuten in der Pfanne in den vorgeheizten Backofen geben. Wer es genau nehmen möchte, verwendet jetzt ein Fleischthermometer für seinen perfekten Garpunkt (siehe S. 13).

Die Steaks aus dem Backofen nehmen und auf einem Brett 3 Minuten ruhen lassen. Mit Meersalz und Pfeffer würzen. Dann auf einem Holzbrett in Streifen schneiden und z. B. mit Kräuterbutter und Baguette servieren.

Für das Steak:

2 Steaks, z. B. T-Bone Steak oder Rumpsteak (je ca. 300 g)

Meersalz

frisch gemahlener Pfeffer

Außerdem:

Kräuterbutter (nach Belieben)

Baguette (nach Belieben)

BROKKOLI-CARBONARA

Für die Spaghetti:
Salz
250 g wilder Brokkoli
500 g Spaghetti
50 g Speck (am besten Guanciale oder Pancetta)
75–100 g Parmesan
4 Eigelb

Außerdem:
frisch gemahlener Pfeffer

Zuerst einen kleinen und einen großen Topf mit Salzwasser auf den Herd stellen und das Wasser zum Kochen bringen. Im kleineren Topf den Brokkoli für ca. 5 Minuten vorkochen, dann abgießen. Im großen Topf die Spaghetti nach Packungsanleitung „al dente" kochen.

Den Speck in Scheiben schneiden und in einer großen Pfanne ohne Fett anbraten. Währenddessen den Parmesan reiben und mit den 4 Eigelb vermischen.

Sind die Spaghetti fertig, diese direkt aus dem Kochwasser in die Pfanne zum Speck geben und die Hitze reduzieren. Die Eigelb-Käse-Mischung unterrühren. Lässt sich die Mischung nicht gut unterheben, einfach eine Kelle vom Nudelwasser in die Pfanne geben und weiterrühren, bis eine cremige Soße entstanden ist. Zum Schluss den Brokkoli untermengen.

Die Spaghetti auf 4 Teller verteilen. Mit grobem Pfeffer bestreuen und servieren.

FISCH-SALTIMBOCCA MIT BRATGEMÜSE

Den Backofen auf 120 °C vorheizen. Das Fischfilet in 2 Stücke schneiden. Jeweils 2 Scheiben Schinken leicht überlappend auslegen und das Filet darauflegen. Mit Salz und Pfeffer würzen. Die Zitronenschale fein abreiben und über dem Filet verteilen. Jeweils 2 Salbeiblättchen darauflegen und den Schinken um den Fisch herumschlagen.

Öl in einer ofenfesten Pfanne erhitzen und die Saltimbocca von beiden Seiten jeweils ca. 3 Minuten anbraten. Anschließend in der Pfanne in den Ofen geben.

Gemüse waschen, Fenchel halbieren, vom Strunk befreien und in Streifen schneiden. Spitzpaprika von Samen und Scheidewänden befreien und würfeln. Zucchini ebenfalls würfeln. Zwiebel und Knoblauch schälen und fein würfeln.

In einer zweiten Pfanne Olivenöl erhitzen und Fenchel für 2 Minuten anschwitzen. Anschließend Paprika und Zucchini zugeben und alles für weitere 5 Minuten anbraten. Zwiebel und Knoblauch zufügen und für 2 Minuten anbraten. Mit den Tomaten ablöschen und für weitere 5 Minuten köcheln lassen. Mit Salz, Pfeffer und Kräutern würzen. Saltimbocca aus dem Ofen nehmen und mit dem Gemüse und einer Zitronenscheibe anrichten.

Für die Saltimbocca:

400 g Rotbarschfilet oder ein anderes „festes" Fischfilet

4 Scheiben Parmaschinken

Salz

frisch gemahlener Pfeffer

1 Bio-Zitrone

4 Salbeiblättchen

2 EL Olivenöl

Für das Bratgemüse:

1 Fenchel

1 rote Spitzpaprika

1 Zucchini

1 Zwiebel

1 Knoblauchzehe

2 EL Olivenöl

400 g geschälte Tomaten (Dose)

Salz

frisch gemahlener Pfeffer

2 TL italienische Kräuter

TÜRKISCHE REISPFANNE MIT KNOBLAUCHSOSSE

Für die Spinat-Hackfleisch-Pfanne:

1 Zwiebel

Rapsöl zum Anbraten

200 g Rinderhackfleisch

200 g Spinat (TK)

Für die Knoblauchsoße:

200 g Joghurt

1 Knoblauchzehe

frisch gemahlener Pfeffer

Salz

etwas Zitronensaft

Außerdem:

100 g Reis

Zunächst den Reis nach Packungsanleitung kochen.

Für die Spinat-Hackfleisch-Pfanne die Zwiebel schälen und fein würfeln. Etwas Öl in einer Pfanne erhitzen. Darin das Rinderhackfleisch bröselig anbraten und dann die Zwiebel zufügen. Für weitere 2 Minuten braten. Den Spinat zufügen und alles weiter anschwitzen, bis das Wasser vom Spinat verkocht ist.

Für die Knoblauchsoße den Joghurt in eine kleine Schüssel geben. Den Knoblauch schälen, durch eine Knoblauchpresse drücken und zu dem Joghurt geben. Gut umrühren. Den Joghurt mit Pfeffer, Salz und einem Spritzer Zitronensaft würzen.

Den Reis abgießen, auf zwei Teller verteilen und die Spinat-Hackfleisch-Pfanne danebengeben. Zum Schluss 2–3 EL von der Knoblauchsoße daraufgeben.

ROTE LINSENSUPPE

1 Zwiebel
1 Stück Ingwer
2 EL Rapsöl
100 g rote Linsen
1 TL Currypulver Garam Masala
400 g stückige Tomaten (Dose)
200 ml Kokosmilch
100 ml Gemüsebrühe
Salz
frisch gemahlener Pfeffer
2 Stängel Petersilie
2 EL Crème fraîche

Die Zwiebel schälen und fein würfeln. Den Ingwer ebenfalls schälen und fein reiben. Das Rapsöl in einem Topf erhitzen und die Zwiebel darin ca. 5 Minuten anschwitzen. Anschließend den Ingwer zugeben und für ca. 1 Minute anbraten.

Die Linsen waschen, abseihen. Ebenfalls in den Topf geben und mit anschwitzen. Das Currypulver zufügen und unterrühren. Für 1 weitere Minute anrösten und alles mit den Tomaten, der Kokosmilch und der Gemüsebrühe auffüllen.

Die Suppe bei niedriger Hitze für 10 Minuten köcheln lassen. Zum Schluss mit Salz und Pfeffer würzen.

Die Petersilie abbrausen, trocken schütteln und fein hacken. Die Suppe auf tiefe Teller geben, mit je 1 EL Crème fraîche toppen und mit Petersilie bestreut servieren.

GEBACKENER FETA MIT TOMATENGEMÜSE

1 Pck. Feta (200 g)
1 Rispe Cherrytomaten
2 Frühlingszwiebeln
½ rote Zwiebel
50 g grüne Oliven (entsteint)
30 ml Olivenöl
2 EL gemischte italienische Kräuter (getrocknet)
etwas frische rote Chilischote (nach Belieben)

Den Backofen auf 180 °C Umluft vorheizen.

Den Feta in eine kleine Auflaufform legen. Die Cherrytomaten waschen, halbieren und in eine Schüssel geben. Die Frühlingszwiebeln putzen, in feine Ringe schneiden und ⅔ davon zu den Cherrytomaten geben. Die rote Zwiebel schälen, in feine Ringe schneiden und zusammen mit den Oliven ebenfalls in die Schüssel geben. Alles mit dem Olivenöl vermengen und mit den Kräutern und etwas fein gewürfelter Chili würzen.

Das marinierte Gemüse in die Auflaufform geben und rund um den Feta verteilen.

Für 20 Minuten in den Backofen stellen, bis der Feta leicht Farbe genommen hat.

Anschließend mit den restlichen Frühlingszwiebeln garnieren und servieren.

CURRY MIT UDON-NUDELN

1 Hähnchenbrustfilet
4 EL Sojasoße
1 Möhre
½ Bund Frühlingszwiebeln
1 kleine Zucchini (ca. 200 g)
100 g braune Champignons
2 EL Sesamöl
2 EL Currypulver
400 g fertige Udon-Nudeln

Das Hähnchenbrustfilet in kleine Stücke schneiden und zusammen mit der Sojasoße in eine Schüssel geben.

Die Möhre schälen und mit einem Sparschäler in dünne Scheiben hobeln.

Die Frühlingszwiebeln putzen und in feine Ringe schneiden. Die Zucchini waschen, längs halbieren und in Scheiben schneiden. Die Champignons putzen und die größeren Pilze vierteln.

In einer Pfanne das Sesamöl erhitzen und das Hähnchenbrustfilet rundherum anbraten. Anschließend herausnehmen, beiseitestellen und die Möhre in die Pfanne geben. Nach etwa 2 Minuten die Zucchini und die Champignons zugeben und weitere 2 Minuten anbraten. Dann die Frühlingszwiebeln, das Hähnchenbrustfilet und das Currypulver zugeben, unterrühren und für 1 weitere Minute anrösten.

Die Udon-Nudeln zusammen mit etwa 50 ml Wasser zum Curry geben, alles einmal aufkochen lassen und dann servieren.

MEDITERRANE GARNELEN MIT AIOLI

Für die Garnelen:

400 g Black-Tiger-Garnelen (TK, ungeschält)

2 EL gemischte italienische Kräuter (getrocknet)

4 EL Olivenöl

½ TL Salz

Für die Aioli:

1 Eigelb

1 TL mittelscharfer Senf

½ EL Zitronensaft

2 Knoblauchzehen

125 ml Rapsöl

Salz

frisch gemahlener Pfeffer

Die Garnelen nach Packungsanleitung auftauen. Mit den Kräutern, Olivenöl und Salz gründlich vermengen und für mindestens 2 Stunden im Kühlschrank marinieren lassen.

Währenddessen für die Aioli Eigelb, Senf und Zitronensaft in ein hohes Rührgefäß geben. Die Knoblauchzehen schälen, grob würfeln und zufügen. Mit dem Stabmixer alles vermengen und unter ständigem Mixen nach und nach das Öl zugeben. So entsteht eine cremige Emulsion. Wenn das ganze Öl eingearbeitet ist, die Aioli mit Salz und Pfeffer würzen und abgedeckt bis zum Gebrauch kühl stellen.

Eine Pfanne auf dem Herd erhitzen und die marinierten Garnelen darin unter Rühren etwa 5 Minuten braten, bis sie außen angeröstet sind und das Fleisch unter der Schale eine helle Farbe angenommen hat. Mit Aioli servieren.

Tipp: Sollte sich die Aioli verflüssigen, einfach ein weiteres Eigelb mit etwas Senf zufügen und untermixen. So sollte wieder eine cremige Konsistenz entstehen.

LINSENBOLOGNESE MIT MOZZARELLA

Für die Bolognese die Linsen nach Packungsanweisung kochen und bereitstellen.

Die Zwiebel und den Knoblauch schälen und fein würfeln. Beides in einer großen Pfanne kurz in etwas Olivenöl anschwitzen.

Mit dem Rotwein ablöschen und mit den passierten Tomaten aufgießen. Die Hitze reduzieren, die Soße muss jetzt nur noch köcheln.

Die gekochten Linsen zugeben. Die Möhre schälen, fein reiben und ebenfalls in die Soße geben. Mit Zucker, Salz und Pfeffer würzen und die gehackten Kräuter zufügen. Die Soße ca. 10 Minuten ohne Deckel köcheln lassen.

Währenddessen die Nudeln nach Packungsanweisung kochen und abgießen. Auf zwei tiefe Teller verteilen und mit der Linsenbolognese übergießen. Mit jeweils 3 Mini-Mozzarella-Kugeln, Parmesan und frischen Basilikumblättchen garnieren.

Für die Bolognese:

100 g Tellerlinsen
1 Zwiebel
1 Knoblauchzehe
Olivenöl
1 Schuss Rotwein (ca. 50 ml)
800 g passierte Tomaten
1 Möhre
1 EL Zucker
Salz
frisch gemahlener Pfeffer
2 EL gehackte Kräuter, z. B. Rosmarin, Basilikum, Thymian

Außerdem:

500 g Nudeln, z. B. Linguine
6 Mini-Mozzarella-Kugeln
etwas geriebener Parmesan
1 Stängel Basilikum zum Garnieren

KOHLRABISCHNITZEL MIT KRÄUTERQUARK UND GURKENSALAT

Für den Gurkensalat:

1 Salatgurke
100 g Joghurt
4 EL Crème fraîche
½ Zwiebel
3 Stängel Dill
2 EL Apfelessig
1 TL Senf
1 TL Zucker
Salz
frisch gemahlener Pfeffer

Für den Kräuterquark:

250 g Quark
100 g Joghurt
½ Zwiebel
2 Stängel Dill
2 Stängel Petersilie
2 Stängel Schnittlauch
1 EL Zitronensaft
Salz
frisch gemahlener Pfeffer

Für die Kohlrabischnitzel:

1 großer Kohlrabi
Salz
2 Eier
150 g Paniermehl
25 g Butter zum Anbraten

Für den Gurkensalat die Gurke waschen, in feine Scheiben schneiden oder hobeln. Den Joghurt mit der Crème fraîche verrühren. Die Zwiebel schälen, fein würfeln und zugeben. Den Dill abbrausen, trocken schütteln und fein hacken. Zusammen mit dem Apfelessig, Senf und Zucker unter die Gurke rühren. Mit Salz und Pfeffer würzen und abgedeckt im Kühlschrank ziehen lassen.

Für den Kräuterquark Quark und Joghurt verrühren. Die Zwiebel schälen, fein würfeln und zugeben. Dill, Petersilie und Schnittlauch abbrausen, trocken schütteln, fein hacken und zufügen. Mit Zitronensaft, Salz und Pfeffer würzen und abgedeckt in den Kühlschrank stellen.

Für die Schnitzel den Kohlrabi schälen und in ca. 1 cm dicke Scheiben schneiden. In einem Topf mit kochendem, leicht gesalzenem Wasser etwa 5 Minuten garen. Anschließend das Wasser abgießen und die Scheiben etwas abkühlen lassen. Die Eier mit etwas Salz in einem tiefen Teller aufschlagen. Das Paniermehl in einen zweiten tiefen Teller geben. Die Butter in einer Pfanne erhitzen. Die Scheiben nacheinander zuerst mit beiden Seiten durch das Ei ziehen und dann im Paniermehl wälzen. Anschließend sofort in die Pfanne geben und in der Butter von beiden Seiten anbraten. Mit dem Gurkensalat und dem Kräuterquark servieren.

GNOCCHI-GEMÜSE-PFANNE

Die Paprika waschen, von Samen und Scheidewänden befreien und in Würfel schneiden. Die Zwiebel schälen und fein würfeln. Die Zucchini waschen, halbieren und in ca. 1 cm dicke Scheiben schneiden.

In einer Pfanne das Rapsöl erhitzen. Das Gemüse zufügen und darin für 5 Minuten anbraten. Anschließend herausnehmen und die Gnocchi in die Pfanne geben. Diese ebenfalls für ca. 5 Minuten anbraten.

Das Gemüse wieder zufügen und alles gut vermischen. Die Cherrytomaten waschen, zugeben und für 2 weitere Minuten mit anschwitzen. Mit Salz und Pfeffer würzen.

Die Gnocchi-Pfanne auf 2 Teller verteilen. Mit den Mozzarellakugeln sowie dem Basilikum garnieren.

Für die Gnocchi-Pfanne:

1 gelbe Paprika
1 rote Zwiebel
1 Zucchini
2 EL Rapsöl
300 g Gnocchi
100 g Cherrytomaten
Salz
frisch gemahlener Pfeffer

Außerdem:

8 Mini-Mozzarella-Kugeln
Basilikum zum Garnieren

HACKBÄLLCHEN TOSKANA

Für die Hackbällchen:
400 g Rinderhackfleisch
2 TL gemischte italienische Kräuter
Salz
frisch gemahlener Pfeffer
1 Mozzarella (125 g)

Für die Soße:
400 g gehackte Tomaten (Dose)
1 EL Tomatenmark
50 ml Sahne
1 EL gemischte italienische Kräuter
Salz
frisch gemahlener Pfeffer

Außerdem:
100 g Reis

Den Backofen auf 200 °C vorheizen.

Für die Hackbällchen das Hackfleisch mit den italienischen Kräutern, Salz und Pfeffer vermengen. Daraus 8 gleich große Kugeln formen und in eine Auflaufform geben.

Für die Soße alle Zutaten in einem Topf aufkochen und mit Salz und Pfeffer würzen. Die Soße heiß über die Fleischbällchen in die Auflaufform gießen.

Den Mozzarella in Stücke zupfen und diese auf die Fleischbällchen legen.

Die Hackbällchen im vorgeheizten Backofen für ca. 20 Minuten backen, bis die Soße blubbert und der Mozzarella geschmolzen und leicht gebräunt ist.

Währenddessen den Reis nach Packungsanweisung zubereiten. Mit den Hackbällchen und der Soße servieren.

HACK-PARTY-BRÖTCHEN

300 g Rinderhackfleisch
1 Zwiebel
Salz
frisch gemahlener Pfeffer
3 Weizenbrötchen
6 Scheiben Schmelzkäse
1 rote Zwiebel
1 Bund Schnittlauch

Den Backofen auf 180 °C Umluft vorheizen.

Das Rinderhackfleisch in eine Schüssel geben. Die Zwiebel schälen, fein würfeln und zum Hackfleisch geben. Mit Salz und Pfeffer würzen und alles gut vermengen.

Die Brötchen aufschneiden und das Hackfleisch gleichmäßig auf den Schnittflächen verteilen. Jeweils eine Scheibe Käse auf die Brötchenhälften legen. Diese auf ein mit Backpapier ausgelegtes Backblech geben und im vorgeheizten Backofen für ca. 10 Minuten backen, bis der Käse leicht gebräunt ist.

Währenddessen die Zwiebel schälen und in Ringe schneiden. Den Schnittlauch abbrausen, trocken schütteln und in feine Röllchen schneiden.

Die fertig gebackenen Brötchen aus dem Backofen nehmen und mit den Zwiebelringen und den Schnittlauchröllchen garnieren. Noch warm servieren.

CHILI-CHEESE-SOSSE

200 g Cheddar
2 frische Jalapeños oder
3 EL eingelegte Jalapeño-Scheiben (Glas)
200 ml Sahne
½ TL Paprikapulver (geräuchert)
Salz
1 EL Speisestärke

Den Cheddar grob reiben. Wenn frische Jalapeños verwendet werden, diese waschen, in Scheiben schneiden und die Kerne entfernen.

Die Sahne in einen kleinen Topf geben und erwärmen. Sie sollte nicht kochen. Das Paprikapulver und etwas Salz zufügen, bis sich alles in der Sahne auflöst. Dann die Jalapeños zugeben. Den geriebenen Cheddar zugeben und unter Rühren schmelzen lassen.

Die Speisestärke in einer Tasse mit 5 EL Wasser auflösen. Nach und nach in die Soße geben, bis sie eine cremige Konsistenz erreicht hat. Zum Schluss gegebenenfalls mit etwas Salz abschmecken.

Tipp: Die Soße kann direkt verwendet werden – zum Beispiel als Burgertopping oder als Dip zu Nachos. Wenn sie erkaltet, wird sie fest. So kann sie zerbröselt zum Beispiel zum Überbacken genutzt werden. Dabei schmilzt sie wieder.

05 LESS IS MORE

MIT WENIGEN ZUTATEN SCHNELL AUF DEM TISCH

Ein Blick in den Kühlschrank und das Gefühl der Leere überkommt dich? Keine Sorge, hier findest du geniale Rezepte, die mit nur wenigen Zutaten auskommen und ruckzuck zubereitet sind. Perfekt für alle, die es unkompliziert mögen und keine Lust mehr haben, sich zum nächsten Supermarkt zu schwingen.

DREIERLEI PESTO

PESTO ALLA GENOVESE

Für 1 Glas à 200 ml

2 Töpfe Basilikum
100 ml Olivenöl
50 g Pinienkerne
1 Knoblauchzehe
50 g Parmesan
½ TL Meersalz

Die Blättchen vom Basilikum zupfen und mit dem Olivenöl in einen Mixer geben. Die Pinienkerne in einer gut beschichteten Pfanne ohne Öl anrösten und anschließend kurz abkühlen lassen. Die Knoblauchzehe schälen, zusammen mit dem Parmesan sowie den Pinienkernen und dem Meersalz in den Mixer geben und alles gut pürieren.

Passt am besten zu Pasta und ist in einem fest verschlossenen Glas im Kühlschrank bis zu 14 Tage haltbar.

PESTO ROSSO

Für 2 Gläser à 200 ml

1 große Spitzpaprika
150 g Cherrytomaten
1 Knoblauchzehe
100 ml Olivenöl
plus etwas zum Marinieren
Salz
frisch gemahlener Pfeffer
25 g Pistazien
30 g Parmesan

Den Backofen auf 130 °C Umluft vorheizen. Die Paprika und die Cherrytomaten waschen. Die Paprika von Samen und Scheidewänden befreien und in Stücke schneiden, die Tomaten halbieren. Die Knoblauchzehe schälen und zusammen mit der Paprika und den Tomaten in eine kleine Auflaufform geben. In etwas Olivenöl, Salz und Pfeffer marinieren. Das Gemüse im vorgeheizten Backofen für ca. 30 Minuten rösten. Anschließend abkühlen lassen. Die Pistazienkerne in einer Pfanne ohne Öl leicht anrösten. Dann alle Zutaten in einen Mixer geben und fein pürieren.

Passt super zu geröstetem Brot oder Pasta und ist in einem fest verschlossenen Glas im Kühlschrank bis zu 14 Tage haltbar.

Für 1 Glas à 200 ml

80 g Walnusskerne
6 EL Ahornsirup
1 Bund frische Minze
2 gehäufte EL Kokosfett

SÜSSES MINZPESTO

Die Walnusskerne in einer beschichteten Pfanne anrösten. Mit 2 EL Ahornsirup ablöschen und die Nüsse karamellisieren. Danach auf einem Teller abkühlen lassen.

Die Minze abbrausen, trocken schütteln und die Blättchen abzupfen.

Zusammen mit dem restlichen Ahornsirup, dem Kokosfett sowie den Walnüssen in den Mixer geben und pürieren.

Passt zu allen Süßspeisen. Der absolute Nachtisch-Allrounder ist in einem fest verschlossenen Glas im Kühlschrank bis zu 7 Tage haltbar.

THUNFISCH-BURGER MIT ZITRONEN-MAYONNAISE

Für die Fischpatties:
1 Dose Thunfisch (195 g)
1 Ei
4 EL Paniermehl
1 kleine Zwiebel
½ TL Dill
Salz
Öl zum Anbraten

Für die Zitronenmayonnaise:
1 Eigelb
1 TL Senf
1 EL Zitronensaft
etwa 100 ml Öl
etwas Zitronenabrieb
Salz

Außerdem:
2 Burger Buns
1 EL Butter
etwas Eisbergsalat
4 Gewürzgurken

Für die Fischpatties den Thunfisch abgießen und mit den übrigen Zutaten in eine Schüssel geben. Mit den Händen gut durchkneten. Daraus 2 Burger Patties formen, die der Größe der Burger Buns entsprechen.

Für die Zitronenmayonnaise Eigelb, Senf und Zitronensaft in ein hohes Rührgefäß geben und mit einem Stabmixer mixen. Das Öl nach und nach zugießen und dabei durchgängig weitermixen, bis das Öl vollständig eingearbeitet ist. Den Zitronenabrieb zugeben und mit Salz würzen. Bis zur Verwendung abgedeckt kühl stellen.

Eine Pfanne erhitzen. Die Burger Buns halbieren, die Schnittflächen mit Butter bestreichen und in der Pfanne anrösten. Herausnehmen. Anschließend etwas Öl in die Pfanne geben und die Fischpatties darin ca. 5 Minuten von jeder Seite anbraten.

Ein paar Blätter Eisbergsalat waschen und in feine Streifen schneiden. Die Gewürzgurken in Scheiben schneiden. Die Schnittflächen der gerösteten Burger Buns mit Zitronenmayonnaise bestreichen. Etwas fein geschnittenen Eisbergsalat und dann das Fischpattie auflegen. Ein paar Gurkenscheiben daraufschichten und mit dem Deckel des Buns abschließen.

Tipp: Dazu passen Pommes Frites oder Potato Wedges.

KÄSESPÄTZLE

1 Zwiebel
2 EL Mehl
2 EL Butter
400 g Spätzle (Kühlregal)
200 g Emmentaler
250 ml Rinderbrühe
4 Stängel Petersilie
1 Prise Muskatnuss
Salz
frisch gemahlener Pfeffer

Die Zwiebel schälen und in feine Ringe schneiden. Das Mehl in einen tiefen Teller geben und die Zwiebelringe darin wälzen. Die Butter in einer Pfanne bei mittlerer Hitze schmelzen und die Zwiebelringe unter regelmäßigem Wenden rundherum anschwitzen, bis sie schön braun sind. Dann aus der Pfanne nehmen und gut verteilt auf einem Küchenpapier abkühlen lassen.

Die Spätzle in derselben Pfanne für ca. fünf Minuten anbraten. Währenddessen den Käse reiben. Die angebratenen Spätzle mit der Rinderbrühe ablöschen, den geriebenen Käse zugeben und unterrühren. Die Petersilie abbrausen, trocken schütteln und fein hacken. Ebenfalls unter die Spätzle heben.

Die Käsespätzle mit Muskat, Salz und Pfeffer würzen, auf zwei Teller verteilen und mit den gerösteten Zwiebelringen garnieren.

SESAMLACHS MIT ASIA-GEMÜSE

Für den Lachs:
1 Knoblauchzehe
2 cm frischer Ingwer
5 EL Sojasoße
2 TL Honig
2 Lachsfilets (je 400 g)
2 EL Öl
4 EL Sesam
1 EL schwarzer Sesam

Für das Gemüse:
2 Möhren
1 Bund Frühlingszwiebeln
2 EL Öl
Salz

Außerdem:
200 g Reis
2 EL Erdnüsse zum Bestreuen

Für den Lachs die Knoblauchzehe schälen und fein hacken bzw. durch eine Knoblauchpresse drücken. Den Ingwer schälen und ebenfalls fein hacken oder reiben. Beides zusammen mit der Sojasoße und dem Honig in einen tiefen Teller geben und verrühren. Das Lachsfilet darin wälzen und anschließend darin marinieren lassen.

Den Reis nach Packungsanleitung zubereiten.

Für das Gemüse die Möhren schälen und in dünne Stifte schneiden. Die Frühlingszwiebeln putzen, der Länge nach dritteln und ebenfalls längs in Stifte schneiden. In einer Pfanne das Öl erhitzen und das Gemüse darin ca. 5 Minuten unter Rühren anrösten.

In einer zweiten Pfanne Öl erhitzen. Sesam und schwarzen Sesam in einem tiefen Teller mischen. Die Lachsfilets aus der Marinade nehmen, im Sesam wälzen, bis sie rundherum damit bedeckt sind, und dann in die Pfanne geben. Von beiden Seiten knusprig braten.

Die restliche Marinade zum Gemüse geben, einmal aufkochen und mit Salz abschmecken.

Den Reis und das Gemüse auf zwei Teller verteilen, die Lachsfilets darauflegen und mit den Erdnüssen bestreut servieren.

CREMIGE SPINATNUDELN

Die Spaghetti nach Packungsanleitung al dente kochen.

Währenddessen die Zwiebel und die Knoblauchzehe schälen und fein würfeln. Das Pflanzenöl in einer Pfanne erhitzen und Zwiebel und Knoblauch kurz darin anschwitzen.

Die Sahne und den Blattspinat zugeben und einmal aufkochen, sodass der tiefgekühlte Spinat auftaut.

Die Nudeln direkt aus dem Kochtopf, zusammen mit etwas Kochwasser, in die Pfanne geben und unter die Soße heben. Alles mit Salz, Pfeffer und Muskat abschmecken. Mit dem Parmesan bestreuen und servieren.

250 g Spaghetti
1 Zwiebel
1 Knoblauchzehe
etwas Pflanzenöl zum Anbraten
150 g Sahne
400 g Blattspinat (TK)
Salz
frisch gemahlener Pfeffer
frisch geriebene Muskatnuss
etwas frisch gehobelter Parmesan

ZWEIERLEI FLAMMKUCHEN

Für den klassischen Flammkuchen:

150 g Speckwürfel

1 Bund Frühlingszwiebeln

Für den „ausgefallenen" Flammkuchen:

1 Birne

50 g Walnusskerne

150 g Ziegencamembert

2 EL flüssiger Honig

Außerdem:

2 Rollen Flammkuchenteig

400 g Crème fraîche

Den Backofen auf 200 °C vorheizen.

Die beiden Flammkuchenteige mit dem beigefügten Backpapier auf zwei Backblechen ausrollen und mit der Crème fraîche bestreichen.

Auf dem klassischen Flammkuchen die Speckwürfel verteilen. Die Frühlingszwiebeln putzen und in Ringe schneiden. Etwa ¾ davon auf den Flammkuchen geben. Das Backblech in den vorgeheizten Backofen schieben und den Flammkuchen ca. 10 Minuten backen. Herausnehmen und mit den übrigen Frühlingszwiebelringen bestreuen.

Für den zweiten Flammkuchen die Birne waschen, entkernen und in dünne Scheiben schneiden. Gleichmäßig auf der Crème fraîche verteilen. Die Walnusskerne grob hacken und darüberstreuen. Den Ziegencamembert in Scheiben schneiden und auf den anderen Zutaten verteilen. Den Honig mithilfe eines Löffels gleichmäßig über den gesamten Flammkuchen laufen lassen. Den Flammkuchen für ca. 10 Minuten in den vorgeheizten Backofen geben und backen, bis der Käse zerlaufen und leicht gebräunt ist.

TORTELLINI ALLA PANNA

Den Kochschinken würfeln.

Das Olivenöl in einer Pfanne erhitzen und die Schinkenwürfel unter Rühren darin ca. 5 Minuten anbraten.

Die Tortellini nach Packungsanweisung zubereiten und abgießen. Den Parmesankäse reiben.

Die Schinkenwürfel mit der Brühe und der Sahne ablöschen. Die Soße kurz aufkochen und dann die Tortellini zugeben. Die Hitze reduzieren und alles ca. 5 Minuten köcheln lassen.

Die Pfanne vom Herd ziehen und den Parmesan sowie die Eigelbe unterrühren. Zum Schluss alles mit Salz, Pfeffer und Muskatnuss würzen und sofort servieren.

5 Scheiben Kochschinken
1 EL Olivenöl
500 g Tortellini,
z. B. mit Ricotta-Spinat-Füllung
120 g Parmesan
150 ml Gemüsebrühe
200 g Sahne
2 Eigelb
Salz
frisch gemahlener Pfeffer
frisch geriebene Muskatnuss

MILCHREIS

- 400 ml Milch oder Pflanzendrink
- 1 TL Zucker plus 2 EL für den Zimt-Zucker
- 100 g Milchreis
- 1 Glas Sauerkirschen (375 g Abtropfgewicht)
- 1 EL Speisestärke
- ½ TL Zimt

Die Milch in einem Topf zusammen mit dem Zucker und dem Milchreis langsam und unter gelegentlichem Rühren mit einem Schneebesen aufkochen. Die Hitze reduzieren und den Reis ca. 20 Minuten mit aufgelegtem Deckel köcheln lassen. Dabei regelmäßig umrühren. Den Topf anschließend vom Herd nehmen und den Milchreis weitere 5 Minuten quellen lassen.

Währenddessen die Kirschen in einen Topf geben und aufkochen. Die Speisestärke in ein bisschen Wasser auflösen und einrühren. Sobald die Kirschen angedickt sind, den Topf vom Herd nehmen und die Kirschen etwas abkühlen lassen.

Den Zimt und den Zucker mischen. Den Milchreis noch warm mit den Kirschen und/oder dem Zimt-Zucker genießen.

AVOCADO-KOKOS-NUDELN

Die Zwiebel schälen und in grobe Würfel schneiden. In einer großen Pfanne kurz in Öl anbraten. Beseitestellen. Währenddessen die Nudeln nach Packungsanweisung „al dente" kochen.

Die Avocado halbieren, den Kern entfernen und mit einem Löffel das Fruchtfleisch herauslöffeln. Das Fruchtfleisch mit der Kokosmilch und dem Frischkäse in ein hohes Gefäß geben und mit dem Mixer zu einer gleichmäßigen Creme pürieren. Mit Pfeffer, Salz und Chili würzen.

Die Tomaten waschen und halbieren. Die Petersilie abbrausen und trocken schütteln.

Die Creme zu den Zwiebeln in die Pfanne geben und die Nudeln direkt aus dem Kochtopf darunterheben. Auf zwei tiefe Teller verteilen und mit den Tomatenhälften, Petersilie und roten Pfefferkörnern garnieren.

1 rote Zwiebel
etwas Pflanzenöl zum Anbraten
400 g Nudeln, z. B. Spaghetti
1 Avocado
100 ml Kokosmilch
125 g Frischkäse
frisch gemahlener Pfeffer
Salz
1 Msp. Chilipulver
2 Kirschtomaten
2 Stängel Petersilie
rote Pfefferkörner

PILZ-RAHM-GESCHNETZELTES

2 Zwiebeln
2 EL Rapsöl
400 g Schweinegeschnetzeltes
1 EL Sojasoße
1 EL Worcestersoße
300 g Champignons
200 ml Sahne
100 ml Fleischbrühe
1 Bund Thymian
1 EL Speisestärke
Salz
frisch gemahlener Pfeffer

Die Zwiebeln schälen und fein würfeln. Das Rapsöl in einer Pfanne erhitzen und die Zwiebeln darin glasig dünsten. Das Schweinegeschnetzelte zugeben und für ca. 5 Minuten anbraten. Anschließend mit der Sojasoße und der Worcestersoße ablöschen und alles aus der Pfanne nehmen. Beiseitestellen.

Die Champignons putzen, je nach Größe halbieren und dann in derselben Pfanne ohne Öl für 5 Minuten anbraten. Mit der Sahne und der Fleischbrühe aufgießen. Den Thymian abbrausen, die Blättchen fein hacken und zusammen mit dem Geschnetzelten und den Zwiebeln zu den Champignons geben. Alles einmal aufkochen.

Die Speisestärke in 2 EL Wasser einrühren und zum Abbinden in die Soße geben. Mit Salz und Pfeffer würzen.

Tipp: Dazu passen am besten Spätzle.

PANCAKES

Das Mehl mit dem Zucker, dem Backpulver und dem Salz vermischen.

Unter Rühren mit einem Handrührgerät die Milch zugießen und dann die Eier hineinschlagen. So lange rühren, bis ein cremiger Teig entsteht.

Das Rapsöl in einer Pfanne erhitzen und jeweils 2 EL Teig hineingeben. Den Pancake mit dem Löffel rund formen. Sobald sich an der Oberfläche des Pancakes kleine Bläschen bilden, den Pancake wenden und goldbraun ausbacken. Aus der Pfanne nehmen und auf einen Teller geben. Mit dem übrigen Teig genauso verfahren.

Die fertigen Pancakes auf einem Teller stapeln. Zum Schluss nach Belieben mit Beeren garnieren und mit Ahornsirup toppen.

Für 8 Pancakes

Für den Teig:
200 g Weizenmehl
2 EL Zucker
2 TL Backpulver
1 Prise Salz
160 ml Milch
2 Eier
4 EL Rapsöl

Außerdem:
gemischte Beeren
Ahornsirup

ZITRONENPASTA

300 g Nudeln, z. B. Tagliatelle
1 Knoblauchzehe
3 EL Olivenöl
1 Bio-Zitrone und ein paar Zitronenzesten zum Garnieren
50 g Parmesan und etwas zum Garnieren
2 Stängel Petersilie und etwas zum Garnieren
Salz
frisch gemahlener Pfeffer

Die Nudeln nach Packungsanweisung zubereiten.

Währenddessen die Knoblauchzehe schälen und fein würfeln. Das Olivenöl in einer Pfanne erhitzen und die Knoblauchwürfel darin ca. 1 Minute anrösten.

Die Schale der Zitrone fein abreiben und beiseitestellen. Den Saft einer Zitronenhälfte in die Pfanne pressen.

Die fertig gekochten Nudeln direkt aus dem Topf in die Pfanne heben. Das Nudelwasser aufbewahren. Den Parmesan reiben und zusammen mit dem Zitronenabrieb unter die Nudeln rühren. Ist die Soße zu dickflüssig, etwas Nudelwasser zufügen. Die Petersilie abbrausen, trocken schütteln und die Blättchen fein hacken und ebenfalls unterrühren. Alles mit Salz und Pfeffer würzen.

Auf zwei Teller verteilen und mit etwas Parmesan, Petersilie, Zitronenzesten und Pfeffer garnieren.

06 SPEED DATING

DAS SCHNELLE CANDLE-LIGHT-DINNER

Klar, Liebe geht durch den Magen – aber muss man deshalb gleich Stunden in der Küche verbringen? Absolut nicht! Mit diesen Rezepten zauberst du mit minimaler Zubereitungszeit und maximalem Genussfaktor ein anregendes 3-Gänge-Menü auf den Tisch. Da bleibt mehr Zeit für Zweisamkeit.

SPARKLING ROSÉ

Die Limette gründlich waschen und zwei dünne Scheiben abschneiden. Von der restlichen Limette mithilfe eines Sparschälers zwei Zesten abschälen. Die Erdbeeren waschen und halbieren. Die Limettenzesten und Erdbeerhälften auf zwei Spieße stecken.

Die Eiswürfel auf zwei Weißweingläser verteilen und je 1 Limettenscheibe in die Gläser geben. Den Roséwein auf die Gläser verteilen und mit Tonic Water auffüllen. Mit den Limetten-Erdbeer-Spießen garnieren und servieren.

1 Bio-Limette

2 Erdbeeren

10 Eiswürfel

200 ml gekühlter Roséwein

100 ml gekühltes Tonic Water

MÖHRENSÜPPCHEN MIT KOKOSMILCH

1 Zwiebel
1 Knoblauchzehe
2 EL Rapsöl
2 große Möhren
1 Stück Ingwer (ca. 2 cm)
350 ml Gemüsebrühe
400 ml Kokosmilch (Dose)
Salz
frisch gemahlener Pfeffer
Kräuter zum Garnieren, z. B. Estragon

Die Zwiebel und die Knoblauchzehe schälen und fein würfeln. Das Rapsöl in einem Topf erhitzen und die Zwiebel sowie den Knoblauch darin anschwitzen. Die Möhren schälen und in ca. 1 cm dicke Stücke schneiden. Zu der Zwiebel und dem Knoblauch in den Topf geben und für etwa 2 Minuten mit anbraten. Den Ingwer schälen, fein reiben und ebenfalls in den Topf geben. Alles mit der Gemüsebrühe ablöschen und ca. 10 Minuten köcheln lassen.

Die Suppe mit einem Stabmixer pürieren, bis keine Stückchen mehr vorhanden sind. Die Kokosmilch zugießen, dabei etwas Kokosmilch zurückbehalten. Mit Salz und Pfeffer würzen.

Die Suppe auf zwei tiefe Teller verteilen.

Die zurückbehaltene Kokosmilch mit dem Stabmixer oder einem Milchaufschäumer aufschlagen. Etwas Kokosmilchschaum auf die Suppe geben. Mit Kräutern und etwas frisch gemahlenem Pfeffer garnieren und heiß servieren.

MINUTENSTEAKS MIT KARTOFFEL-PARMESAN-KRUSTE

200 g Kartoffeln (mehligkochend)

1 Ei

30 g geriebener Parmesan

Salz

frisch gemahlener Pfeffer

2 Minutensteaks (alternativ: Rumpsteaks)

2 EL Rapsöl

Den Backofen auf 200 °C mit Grillfunktion vorheizen.

Die Kartoffeln schälen, waschen und mit der groben Seite einer Standreibe reiben. Die geriebenen Kartoffeln in ein Trockentuch geben und gut damit auspressen. Die Kartoffelraspel mit dem Ei und dem Parmesan in eine Schüssel geben und gründlich vermengen. Mit Salz und Pfeffer würzen.

Die Minutensteaks von beiden Seiten mit Salz und Pfeffer würzen. Das Rapsöl in einer Pfanne erhitzen und die Minutensteaks darin von jeder Seite jeweils 1 Minute anbraten. Aus der Pfanne nehmen und auf ein mit Backpapier belegtes Backblech geben. Die Kartoffelmasse gleichmäßig auf den Minutensteaks verteilen und diese für ca. 10 Minuten in den vorgeheizten Backofen geben.

Die Minutensteaks aus dem Backofen nehmen, wenn die Kartoffelkruste schön gebräunt ist, und mit einer Beilage, in unserem Fall Brokkoli, servieren.

MOUSSE AU CHOCOLAT

Für die Mousse:
200 g Zartbitterkuvertüre
200 g Sahne

Außerdem:
Schokoraspel und Schokosterne zum Garnieren

Die Kuvertüre in einer Schüssel über einem Wasserbad schmelzen. Die geschmolzene Kuvertüre in eine weitere Schüssel geben und kurz etwas abkühlen lassen.

Die Sahne mit einem Handmixer aufschlagen und vorsichtig unter die abgekühlte Kuvertüre heben.

Die Schokomousse auf zwei Schälchen verteilen und bis zum Ende des Dinners abgedeckt kalt stellen. Mit Schokoraspeln und Schokosternen garniert servieren.

Tipp: Die Mousse als Erstes zubereiten, damit sie während des Dinners abkühlen kann.

REZEPTVERZEICHNIS

1. QUICK START
BLITZREZEPTE ZUM FRÜHSTÜCK

2. WORK & TRAVEL
SCHNELLE SNACKS FÜR DIE MITTAGSPAUSE UND UNTERWEGS

3. ENERGY BOOSTER
TURBO-REZEPTE FÜR EIN EFFEKTIVES TRAINING

4. TIME TO RELAX
FIXES FÜR DEN ENTSPANNTEN FEIERABEND

5. LESS IS MORE
MIT WENIGEN ZUTATEN SCHNELL AUF DEM TISCH

6. SPEED DATING
DAS SCHNELLE CANDLE-LIGHT-DINNER

REGISTER

ÜBER DEN AUTOR

Ich bin Felix Schäferhoff aus Münster. Schon seit meiner Kindheit bin ich kochverrückt und durfte früh in der Küche mitwirken – meine erste Erinnerung ans Kochen sind Tortellini mit Käse-Sahne-Soße. Diese Leidenschaft begleitete mich vom heimischen Kochen über die ehrenamtliche Leitung einer Ferienlagerküche bis hin zu meinem eigenen Foodblog, der sich auf Foodfotografie konzentriert – meiner zweiten Leidenschaft.

2016 entdeckte ich auf Instagram das Thema „Grillen und BBQ" und war sofort fasziniert. Ich sammelte erste Erfahrungen bei der Fleischzubereitung und begann, mich intensiv mit der Herkunft des Fleisches zu beschäftigen, das ich zubereitete. Ich muss zu jedem Stück Fleisch eine Geschichte erzählen können und beziehe mein Fleisch von regionalen Produzenten oder hochwertigen Onlineshops. Neben Fleisch kommen bei mir aber auch regelmäßig vegetarische Gerichte auf den Tisch. Zudem inspirieren mich die verschiedenen Zubereitungsarten, z. B. in meiner selbst gebauten Outdoorküche oder meinem Pizza-Holzofen, Neues auszuprobieren.

Da ich beruflich täglich koche, liebe ich es, privat einfache und schnelle Rezepte zu testen, die auch in dieses Buch eingeflossen sind. Ich hoffe, dich kulinarisch inspirieren zu können, und wünsche dir viel Spaß beim Nachkochen meiner Rezepte!

Felix

AUF DEN GESCHMACK GEKOMMEN?

Dann schau dir auch unseren Bestseller „Männerwirtschaft – Das Kochbuch für hungrige Kerle“ von Max Pfannenwender an.

FSC www.fsc.org MIX Papier | Fördert gute Waldnutzung FSC® C022120

Mineralöl freie Druckfarbe

5 4 3 2 1 29 28 27 26 25
ISBN 978-3-7567-1043-0

Rezepte, Texte und Foodfotografie: Milo Felix Schäferhoff, www.felixkochbook.de
Gestaltung und Satz: Stefanie Wawer, www.stefaniewawer.de
Lektorat: Mareike Bartholomäus, www.hafentexterei.de
Redaktion: Nicola-Kim Raschdorf
Herstellung: Dana Günther
Litho: FSM Premedia GmbH & Co. KG, Münster

in der Coppenrath Verlag GmbH & Co. KG
Hafenweg 30, 48155 Münster, Germany

www.hoelker-verlag.de

Für mehr Rezepte, Inspirationen und Einblicke aus dem Verlag folgen Sie auch unserem **Instagram-Kanal: @hoelkerverlag**